AF221600

Impressum
Verlag: BABADADA GmbH, Nedderfeld 112 , 22529 Hamburg
Geschäftsführer / Verlagsleitung: Harald Hof
Druck: Books on Demand GmbH, In de Tarpen 42, 22848 Norderstedt

Imprint
Publisher: BABADADA GmbH, Nedderfeld 112 , 22529 Hamburg, Germany
Managing Director / Publishing direction: Harald Hof
Print: Books on Demand GmbH, In de Tarpen 42, 22848 Norderstedt

l'école
school

la salle de classe
classroom

diviser
divide

186/2

le tableau noir
board

la cour (de récréation)
school yard

le professeur
teacher

le papier
paper

écrire
write

le stylo
pen

le bureau
desk

la règle
ruler

le livre
book

l'élève
pupil

le cartable

satchel

la trousse

pencil case

le crayon

pencil

le taille-crayon

pencil sharpener

la gomme

rubber

le carnet à dessin

drawing pad

le dessin

drawing

le pinceau

paintbrush

la boîte de peinture

paint box

les ciseaux

scissors

la colle

glue

le cahier d'exercices

exercise book

les devoirs

homework

le chiffre

number

additionner

add

soustraire

subtract

multiplier

multiply

calculer

calculate

la lettre

letter

l'alphabet

alphabet

le mot

word

le texte

text

lire

read

la craie

chalk

la leçon

lesson

le livre de classe

register

l'examen

exam

le certificat

certificate

l'uniforme scolaire

school uniform

la formation

education

le lexique

encyclopedia

l'université

university

le microscope

microscope

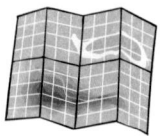

la carte

map

la corbeille à papier

paper bin

le voyage
travel

l'hôtel
hotel
Grand
l'auberge
hostel
ROOMS
le bureau de change
bureau de change
CHANGE
la valise
suitcase
la voiture
car

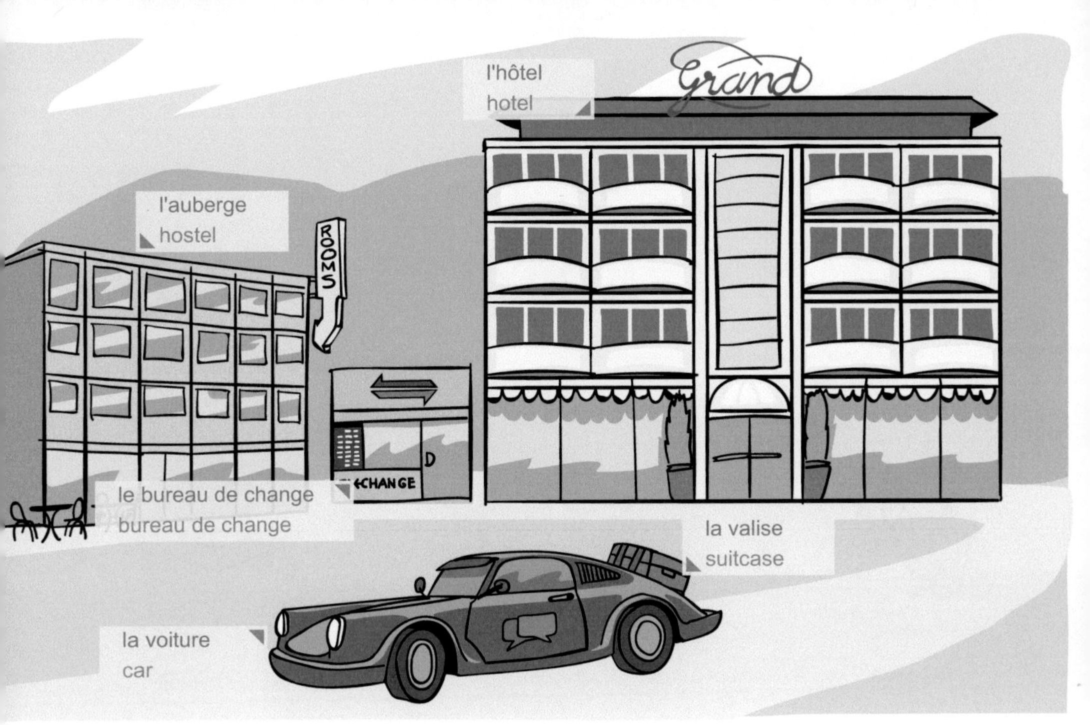

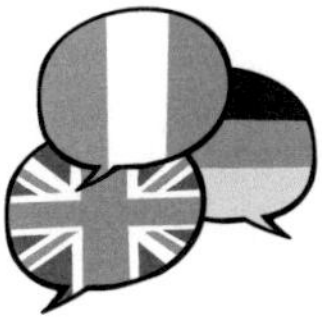

la langue

language

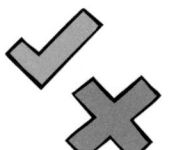

oui / non

yes / no

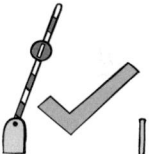

d'accord

Okay

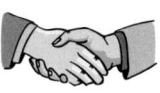

Salut

hello

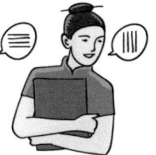

l'interprète

translator

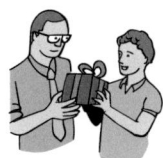

merci

Thank you

Combien coûte...?

how much does … cost?

Je ne comprends pas

I do not understand

le problème

problem

Bonsoir !

Good evening!

Bonjour !

Good morning!

Bonne nuit !

Good night!

Au revoir

bye bye

la direction

direction

les bagages

luggage

le sac

bag

le sac-à-dos

backpack

l'hôte

guest

la pièce

room

le sac de couchage

sleeping bag

la tente

tent

l'office de tourisme

tourist information

la plage

beach

la carte de crédit

credit card

le petit-déjeuner

breakfast

le déjeuner

lunch

le dîner

dinner

le billet

ticket

l'ascenseur

lift

le timbre

stamp

la frontière

border

la douane

customs

l'ambassade

embassy

le visa

visa

le passeport

passport

le transport
transport

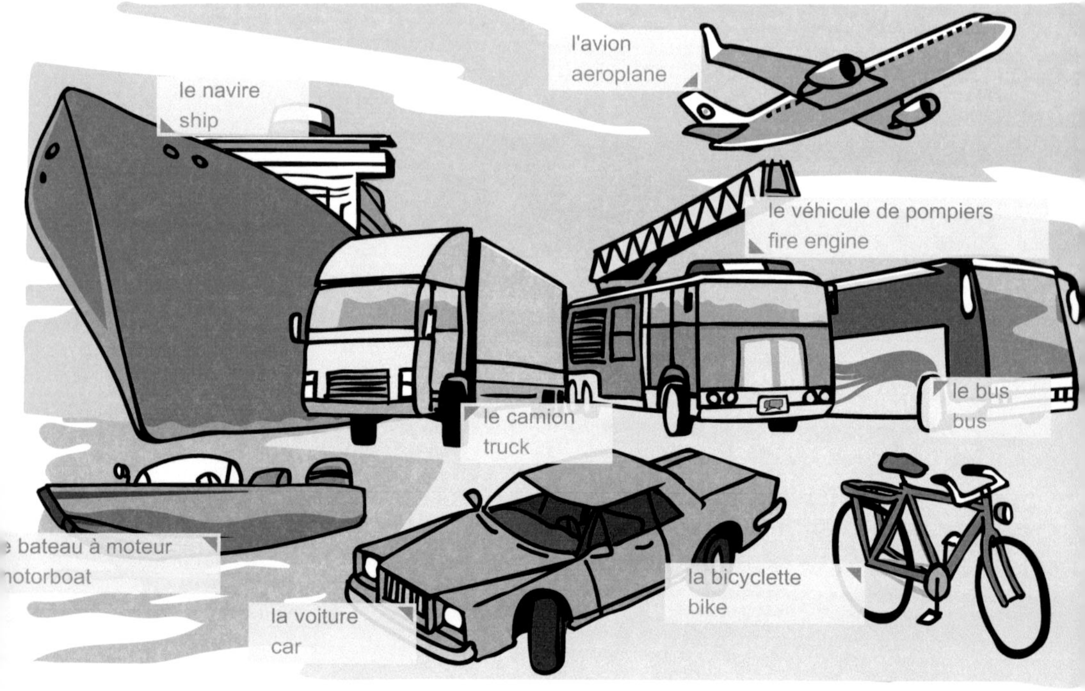

l'avion
aeroplane

le navire
ship

le véhicule de pompiers
fire engine

le bus
bus

le camion
truck

e bateau à moteur
notorboat

la bicyclette
bike

la voiture
car

le ferry

ferry

la barque

boat

la moto

motorbike

la voiture de police

police car

la voiture de course

racing car

la voiture de location

rental car

l'auto-partage

car sharing

la voiture de remorquage

breakdown truck

la benne à ordures

refuse truck

le moteur

motor

l'essence

fuel

la station d'essence

petrol station

le panneau indicateur

traffic sign

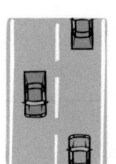

le trafic

traffic

l'embouteillage

traffic jam

le parking

car park

la gare

train station

les rails

tracks

le train

train

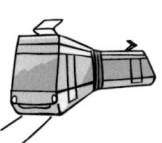

le tramway

tram

le wagon

carriage

l'hélicoptère

helicopter

l'aéroport

airport

la tour

tower

le passager

passenger

le conteneur

container

le carton

carton

le chariot

cart

la corbeille

basket

décoller / atterrir

take off / land

la ville

city

le village

village

le centre-ville

city centre

la maison

house

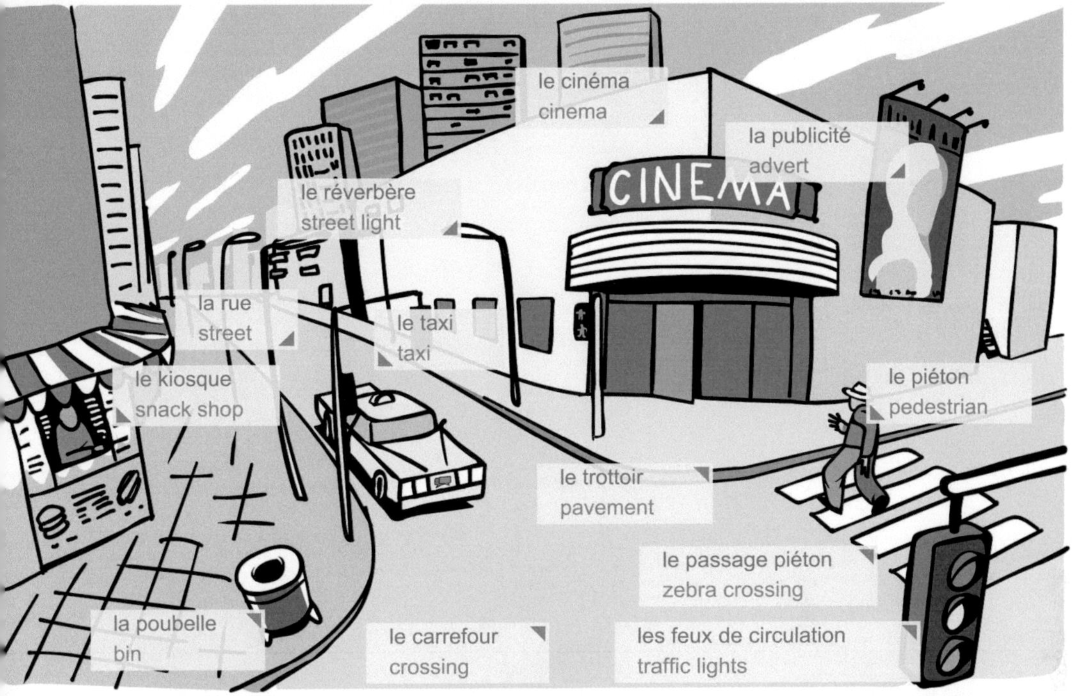

le cinéma
cinema

la publicité
advert

le réverbère
street light

CINEMA

la rue
street

le taxi
taxi

le piéton
pedestrian

le kiosque
snack shop

le trottoir
pavement

le passage piéton
zebra crossing

la poubelle
bin

le carrefour
crossing

les feux de circulation
traffic lights

la cabane

hut

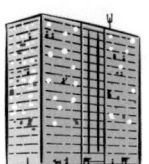

l'appartement

flat

la gare

train station

la mairie

town hall

le musée

museum

l'école

school

l'université

university

la banque

bank

l'hôpital

hospital

l'hôtel

hotel

la pharmacie

pharmacy

le bureau

office

la librairie

book shop

le magasin

shop

le fleuriste

florist's

le supermarché

supermarket

le marché

market

le grand magasin

department store

la poissonnerie

fishmonger's

le centre commercial

shopping centre

le port

harbour

le parc

park

la banque

bench

le pont

bridge

les escaliers

stairs

le métro

underground

le tunnel

tunnel

l'arrêt de bus

bus stop

le bar

bar

le restaurant

restaurant

la boîte à lettres

postbox

le panneau indicateur

road sign

le parcmètre

parking meter

le zoo

zoo

le réverbère

swimming pool

la mosquée

mosque

la ferme
farm

la pollution
pollution

la cimetière
graveyard

l'église
church

l'aire de jeux
playground

le temple
temple

le paysage
landscape

la feuille
leaf

le panneau indicateur
signpost

le chemin
way

le pré
meadow

la pierre
stone

le randonneur
hiker

l'arbre
tree

la rivière
river

l'herbe
grass

la fleur
flower

la vallée

valley

la montagne

hill

le lac

lake

la forêt

forest

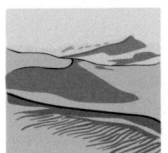

le désert

desert

le volcan

volcano

le château

castle

l'arc-en-ciel

rainbow

le champignon

mushroom

le palmier

palm tree

le moustique

mosquito

la mouche

fly

les fourmis

ant

l'abeille

bee

l'araignée

spider

le paysage - landscape

le coléoptère

beetle

la grenouille

frog

l'écureuil

squirrel

le hérisson

hedgehog

le lièvre

hare

la chouette

owl

l'oiseau

bird

le cygne

swan

le sanglier

boar

le cerf

deer

l'élan

moose

le barrage

dam

l'éolienne

wind turbine

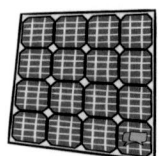

le panneau solaire

solar panel

le climat

climate

le restaurant

restaurant

le serveur
waiter
le menu
menu
la chaise
chair
la soupe
soup
la pizza
pizza
les couverts
cutlery
la nappe
tablecloth

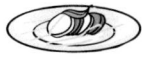

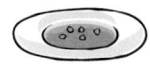

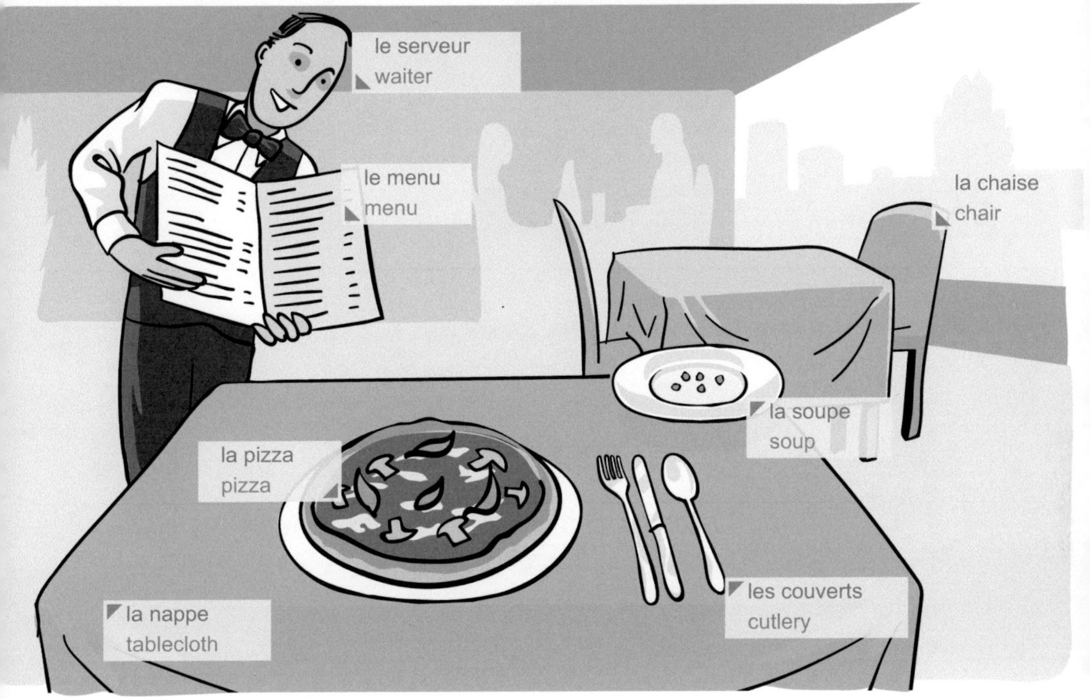

les hors d'œuvre

starter

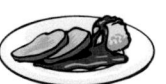

le plat principal

main course

le dessert

dessert

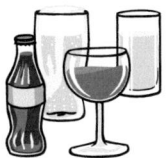

les boissons

drinks

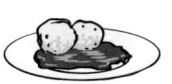

l'alimentation

food

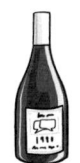

la bouteille

bottle

le fast-food

fast food

les plats à emporter

street food

la théière

teapot

le sucrier

sugar bowl

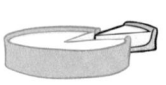

la portion

portion

la machine à expresso

espresso machine

la chaise haute

high chair

la facture

bill

le plateau

tray

le couteau

knife

la fourchette

fork

la cuillère

spoon

la cuillère à thé

teaspoon

la serviette

serviette

le verre

glass

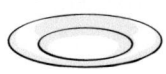

l'assiette

plate

l'assiette à soupe

soup plate

la soucoupe

saucer

la sauce

sauce

la salière

salt cellar

le moulin à poivre

pepper mill

le vinaigre

vinegar

l'huile

oil

les épices

spices

le ketchup

ketchup

la moutarde

mustard

la mayonnaise

mayonnaise

le supermarché

supermarket

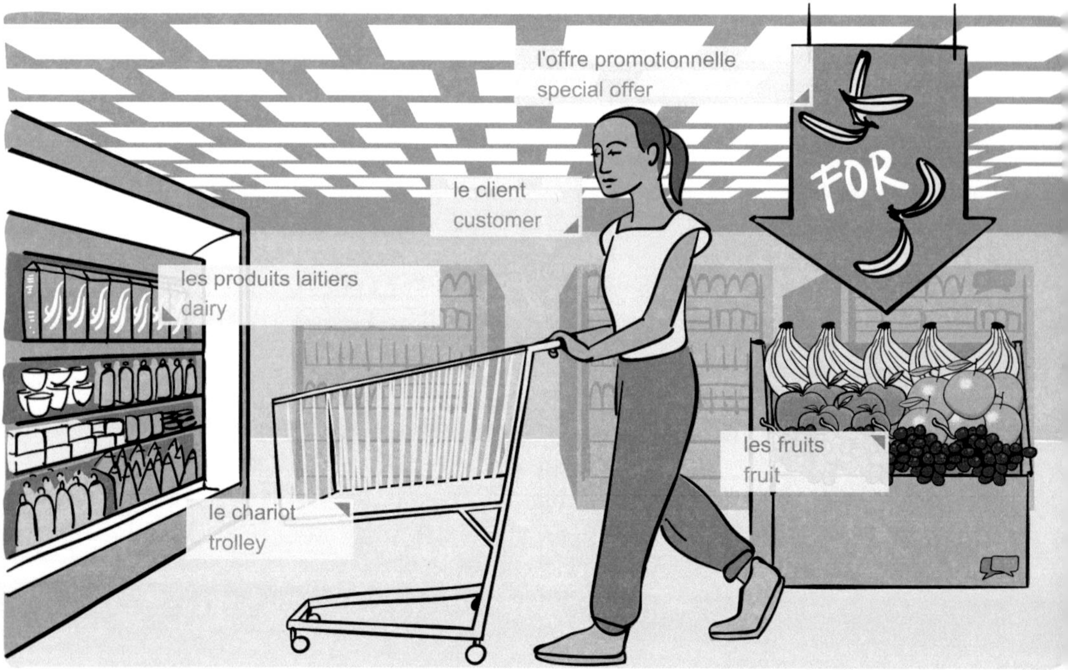

l'offre promotionnelle
special offer
FOR
le client
customer
les produits laitiers
dairy
les fruits
fruit
le chariot
trolley

BUTCHERS

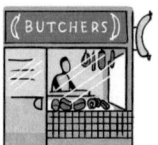

la boucherie

butcher´s

BAKERY

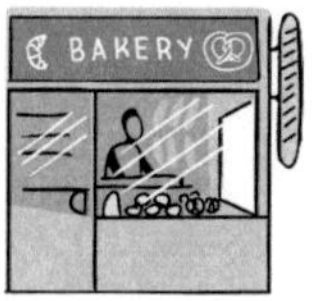

la boulangerie

baker´s

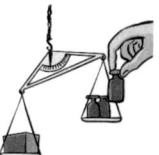

peser

weigh

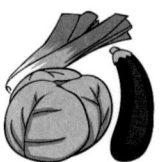

les légumes

vegetables

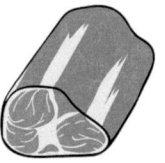

la viande

meat

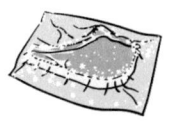

les aliments surgelés

frozen food

la charcuterie

cold meat

les conserves

tinned food

la poudre à lessive

washing powder

les bonbons

sweets

les articles ménagers

household products

les détergents

cleaning products

la vendeuse

salesperson

la caisse

till

le caissier

cashier

la liste d'achats

shopping list

les heures d'ouverture

opening hours

le portefeuille

wallet

la carte de crédit

credit card

le sac

bag

le sac en plastique

plastic bag

l'eau

water

le jus de fruit

juice

le lait

milk

le coca

coke

le vin

wine

la bière

beer

l'alcool

alcohol

le chocolat chaud

cocoa

le thé

tea

le café

coffee

l'expresso

espresso

le cappuccino

cappuccino

la banane

banana

la pomme

apple

l'orange

orange

le melon

melon

le citron.

lemon

la carotte

carrot

l'ail

garlic

le bambou

bamboo

l'oignon

onion

le champignon

mushroom

les noisettes

nuts

les pâtes

noodles

les spaghetti

spaghetti

le riz

rice

la salade

salad

les pommes frites

chips

les pommes de terre rôties

fried potatoes

la pizza

pizza

le hamburger

hamburger

le sandwich

sandwich

l'escalope

cutlet

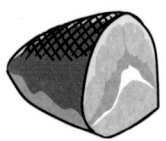

le jambon

ham

le salami

salami

la saucisse

sausage

le poulet

chicken

le rôti

roast

le poisson

fish

les flocons d'avoine

porridge oats

le muesli

muesli

les cornflakes

cornflakes

la farine

flour

le croissant

croissant

les petits-pains

bread roll

le pain

bread

le pain grillé

toast

les biscuits

biscuits

le beurre

butter

le fromage blanc

curd

le gâteau

cake

l'œuf

egg

l'œuf au plat

fried egg

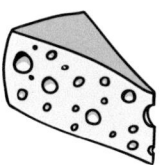

le fromage

cheese

la glace

ice cream

le sucre

sugar

le miel

honey

la confiture

jam

la crème nougat

chocolate spread

le curry

curry

la ferme
farm

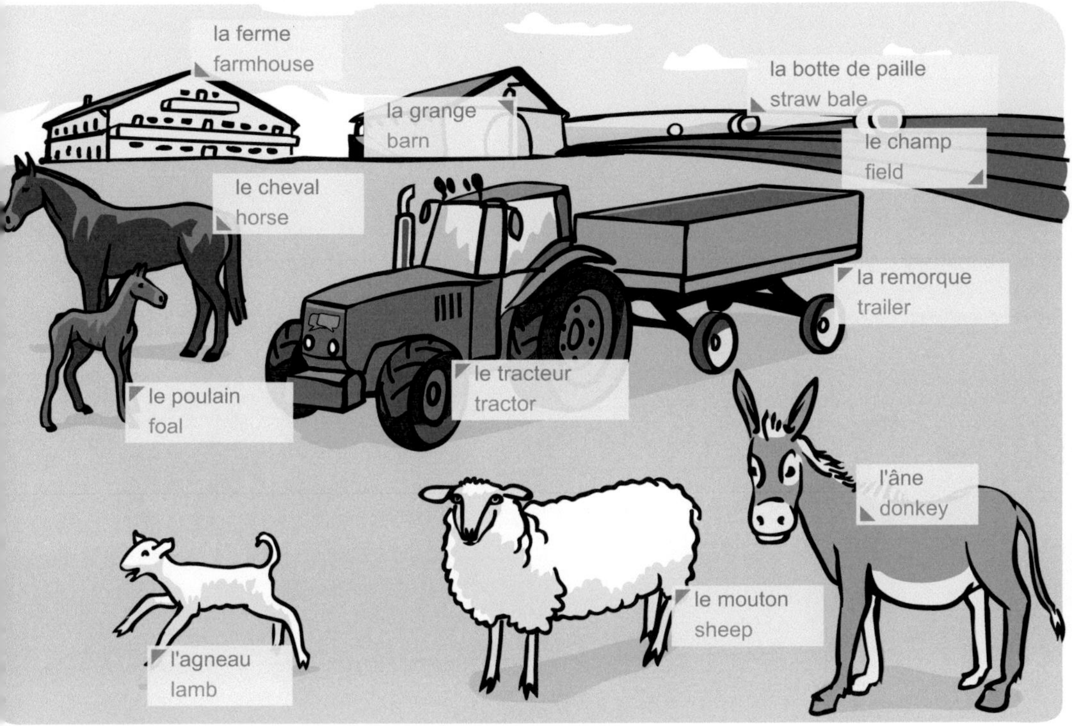

la ferme
farmhouse
la grange
barn
la botte de paille
straw bale
le champ
field
le cheval
horse
la remorque
trailer
le tracteur
tractor
le poulain
foal
l'âne
donkey
le mouton
sheep
l'agneau
lamb

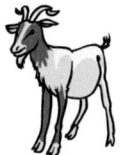

la chèvre

goat

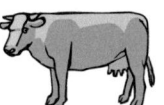

la vache

cow

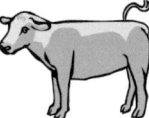

le veau

calf

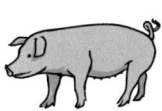

le porc

pig

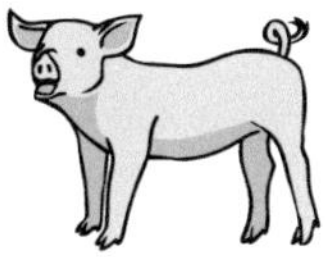

le porcelet

piglet

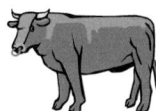

le taureau

bull

l'oie

goose

le canard

duck

le poussin

chick

la poule

hen

le coq

cock

le rat

rat

le chat

cat

la souris

mouse

le bœuf

ox

le chien

dog

le chenil

doghouse

le tuyau de jardin

garden hose

l'arrosoir

watering can

la faucheuse

scythe

la charrue

plough

la faucille

sickle

la pioche

hoe

la fourche

pitchfork

la hache

axe

la brouette

wheelbarrow

la cuve

trough

le pot à lait

milk can

le sac

sack

la clôture

fence

l'étable

stable

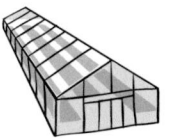

le serre

greenhouse

le sol

soil

les semences

seed

l'engrais

fertilizer

la moissonneuse-batteuse

combine harvester

récolter

harvest

la récolte

harvest

l'igname

yams

le blé

wheat

le soja

soy

la pomme de terre

potato

le maïs

corn

le colza

rapeseed

l'arbre fruitier

fruit tree

le manioc

cassava

les céréales

cereals

la ferme - farm

la maison
house

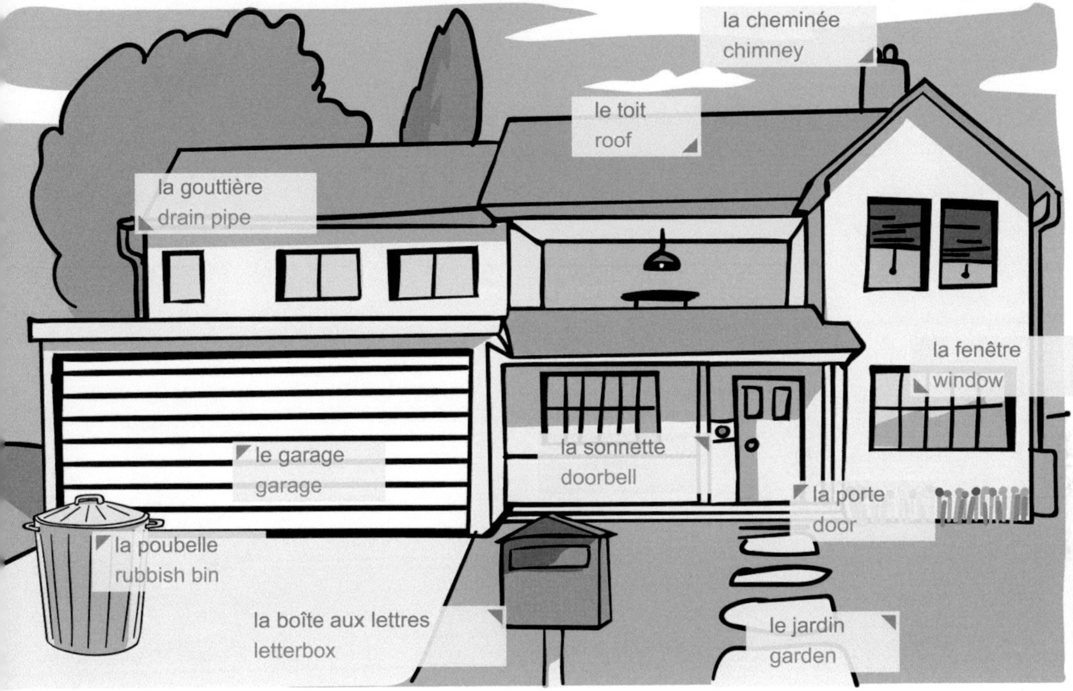

la cheminée
chimney
le toit
roof
la gouttière
drain pipe
la fenêtre
window
le garage
garage
la sonnette
doorbell
la porte
door
la poubelle
rubbish bin
la boîte aux lettres
letterbox
le jardin
garden

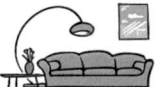

le salon
living room

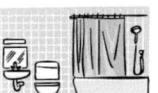

la salle de bain
bathroom

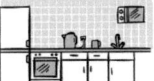

la cuisine
kitchen

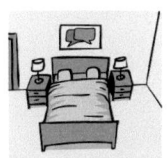

la chambre à coucher
bedroom

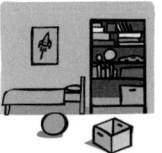

la chambre d'enfant
child's room

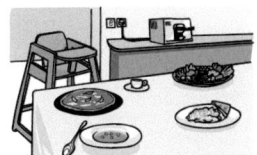

la salle à manger
dining room

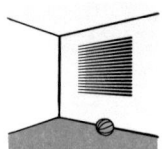

le sol

floor

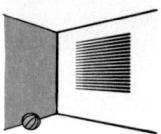

le mur

wall

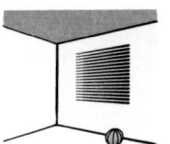

le plafond

ceiling

la cave

cellar

le sauna

sauna

le balcon

balcony

la terrasse

terrace

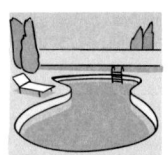

la piscine

pool

la tondeuse à gazon

lawn mower

la housse

sheet

la couette

bedspread

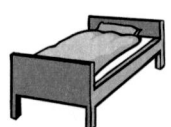

le lit

bed

le balai

broom

le sceau

bucket

l'interrupteur

switch

le salon
living room

le papier peint
wallpaper
l'image
picture
la lampe
lamp
l'étagère
shelf
l'armoire
cupboard
la télé
television
la cheminée
fireplace
la fleur
flower
le coussin
cushion
le sofa
sofa
le vase
vase
la télécommande
remote control

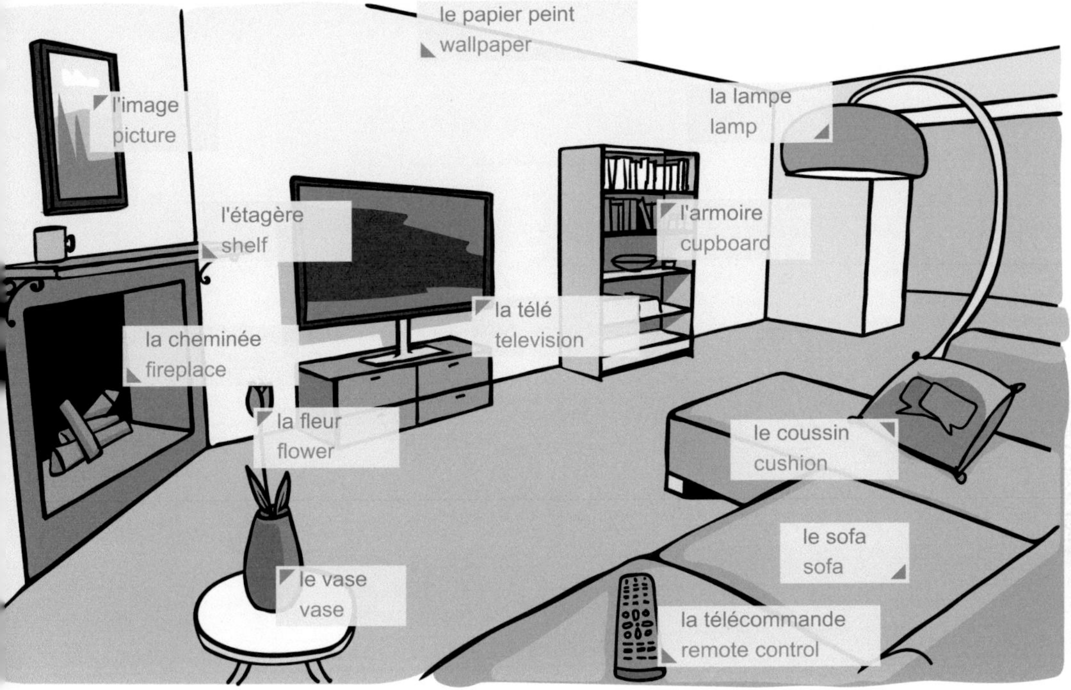

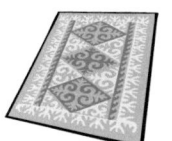

le tapis

carpet

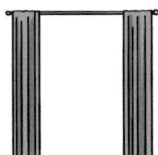

le rideau

curtain

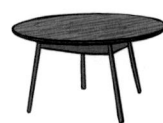

la table

table

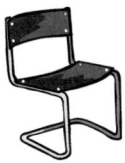

la chaise

chair

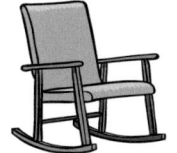

la chaise à bascule

rocking chair

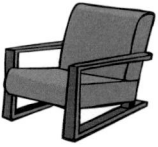

le fauteuil

armchair

le livre

book

la couverture

blanket

la décoration

decoration

le bois de chauffage

firewood

le film

film

la chaîne hi-fi

hi-fi equipment

la clé

key

le journal

newspaper

la peinture

painting

le poster

poster

la radio

radio

le bloc-notes

notepad

l'aspirateur

hoover

le cactus

cactus

la bougie

candle

la cuisine
kitchen

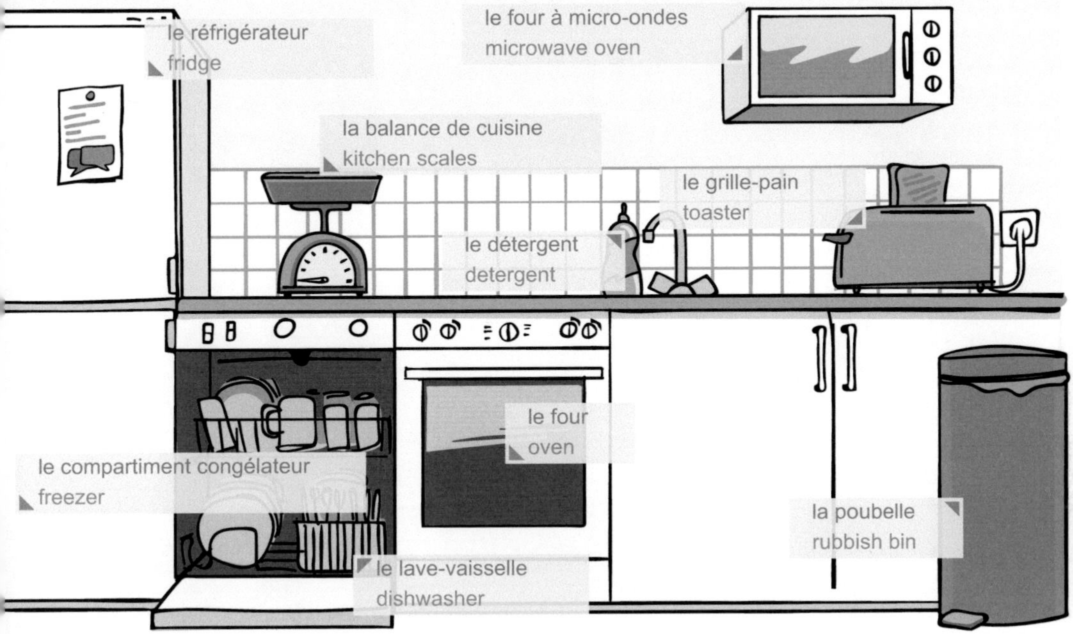
le réfrigérateur
fridge
le four à micro-ondes
microwave oven
la balance de cuisine
kitchen scales
le grille-pain
toaster
le détergent
detergent
le four
oven
le compartiment congélateur
freezer
la poubelle
rubbish bin
le lave-vaisselle
dishwasher

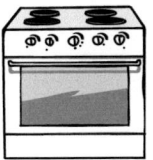

le four

cooker

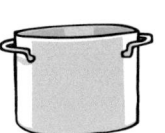

la casserole

pot

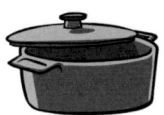

la marmite

cast-iron pot

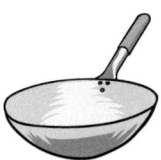

le wok / kadai

wok / kadai

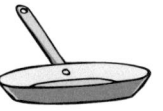

la poêle

pan

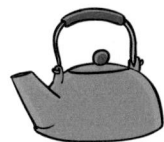

la bouilloire electrique

kettle

le cuiseur vapeur

steamer

la plaque de cuisson

baking tray

la vaisselle

crockery

le gobelet

mug

la coupe

bowl

les baguettes

chopsticks

la louche

ladle

la spatule

spatula

le fouet

whisk

la passoire

strainer

le tamis

sieve

la râpe

grater

le mortier

mortar

le barbecue

barbecue

la cheminée

open fire

la planche à découper

chopping board

le rouleau à pâtisserie

rolling pin

le tire-bouchon

corkscrew

la boîte

can

l'ouvre-boîte

can opener

les maniques

pot holder

le lavabo

sink

la brosse

brush

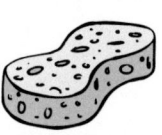

l'éponge

sponge

le mixeur

blender

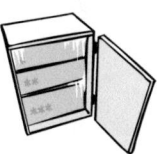

le congélateur

deep freezer

le biberon

baby bottle

le robinet

tap

la salle de bain
bathroom

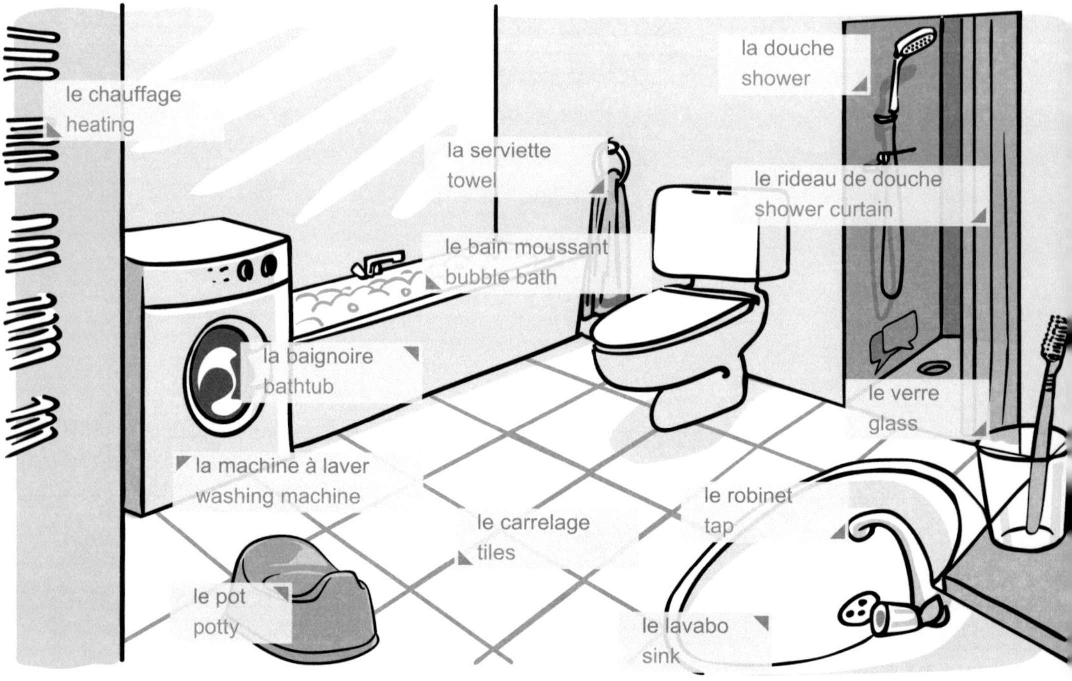

le chauffage
heating

la douche
shower

la serviette
towel

le rideau de douche
shower curtain

le bain moussant
bubble bath

la baignoire
bathtub

le verre
glass

la machine à laver
washing machine

le robinet
tap

le carrelage
tiles

le pot
potty

le lavabo
sink

les toilettes
toilet

la toilette à la turque
squat toilet

le bidet
bidet

l'urinoir
urinal

le papier toilette
toilet paper

la brosse à toilette
toilet brush

la brosse à dents

toothbrush

le dentifrice

toothpaste

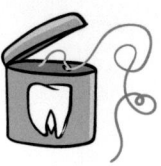

le fil dentaire

dental floss

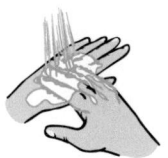

laver

wash

la douche manuelle

handheld shower

la douche intime

douche

la vasque

basin

la brosse dorsale

back brush

le savon

soap

le gel douche

shower gel

le shampooing

shampoo

le gant de toilette

flannel

l'écoulement

drain

la crème

cream

le déodorant

deodorant

le miroir

mirror

le miroir cosmétique

hand mirror

le rasoir

razor

la mousse à raser

shaving foam

l'après-rasage

aftershave

la peigne

comb

la brosse

brush

le sèche-cheveux

hair dryer

la laque pour cheveux

hairspray

le fond de teint

makeup

le rouge à lèvres

lipstick

le vernis à ongles

nail varnish

l'ouate

cotton wool

le coupe-ongles

nail scissors

le parfum

perfume

la trousse de toilette

washbag

le tabouret

stool

le pèse-personne

weighing scale

le peignoir

bathrobe

les gants de nettoyage

rubber gloves

le tampon

tampon

les serviettes hygiéniques

sanitary towel

la toilette chimique

chemical toilet

la chambre d'enfant

child's room

le réveil
alarm clock
le doudou
cuddly toy
la voiture jouet
toy car
le hochet
rattle
la maison de poupée
doll's house
le cadeau
present

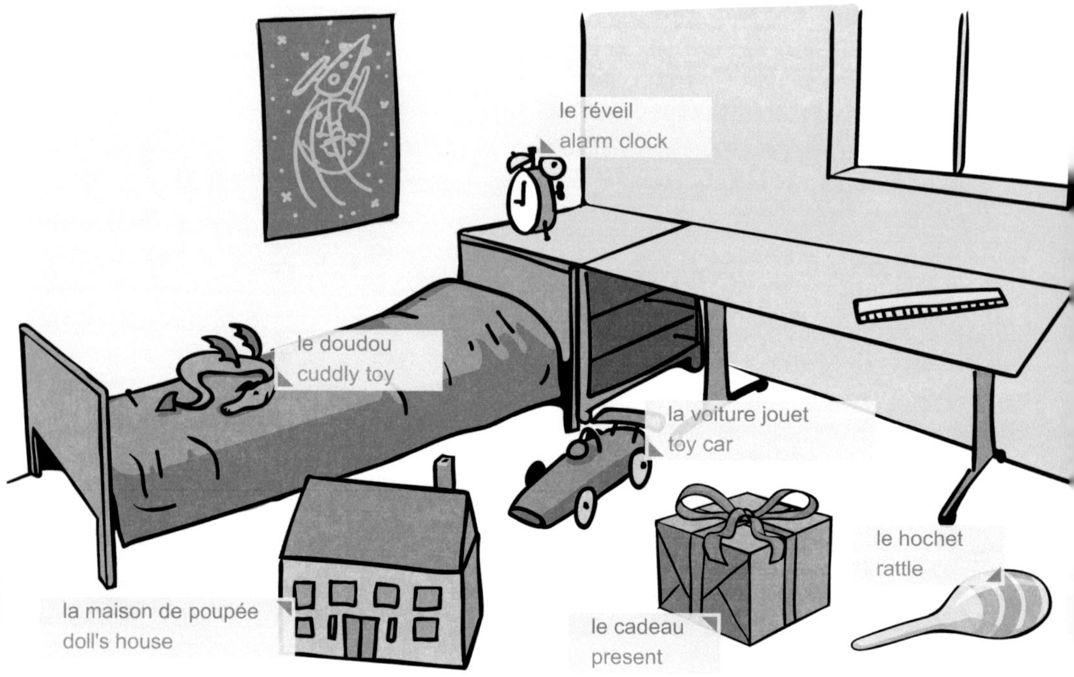

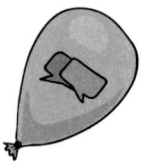

le ballon

balloon

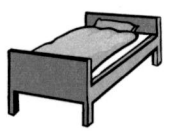

le lit

bed

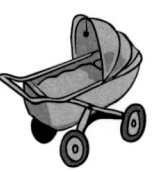

la poussette

pram

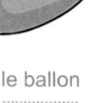

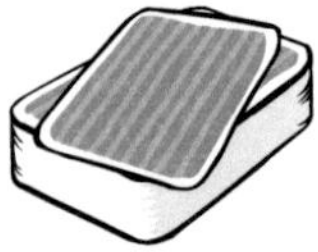

le jeu de cartes

deck of cards

le puzzle

jigsaw

SUPER MEGA

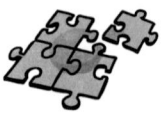

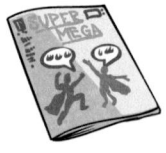

la bande dessinée

comic

les pièces lego

lego bricks

les blocs de construction

building blocks

la figurine

action figure

la grenouillère

romper suit

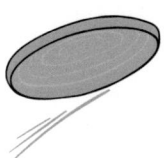

le frisbee

Frisbee

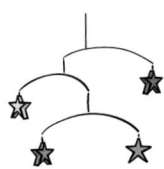

le mobile

mobile

le jeu de société

board game

le dé

dice

le train miniature

model train set

la sucette

dummy

la fête

party

le livre d'images

picture book

la balle

ball

la poupée

doll

jouer

play

le bac à sable
sandpit

la balançoire
swing

les jouets
toys

la console de jeu
video game console

le tricycle
tricycle

l'ours en peluche
teddy bear

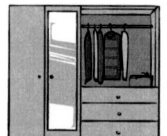

l'armoire
wardrobe

les vêtements
clothing

les chaussettes
socks

les bas
stockings

le collant
tights

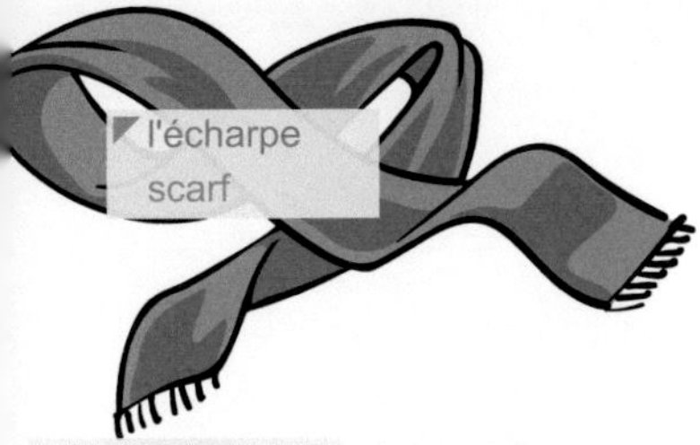

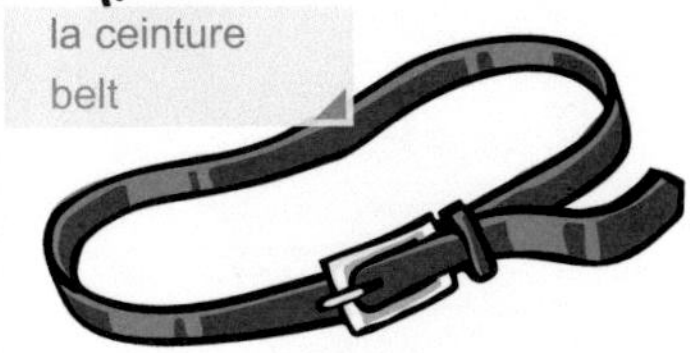

l'écharpe
scarf

le parapluie
umbrella

la ceinture
belt

le t-shirt
t-shirt

les baskets
trainers

les bottes
boots

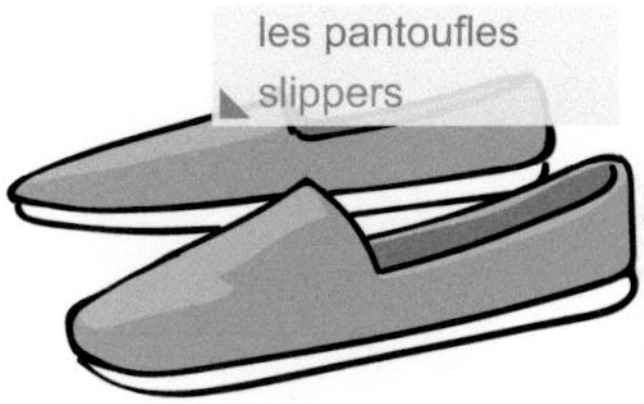

les pantoufles
slippers

les sandales
....
sandals

les chaussures
....
shoes

les bottes de caoutchouc
....
rubber boots

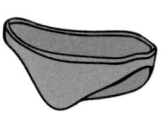

les sous-vêtements
....
underpants

le soutien-gorge
....
bra

le maillot de corps
....
vest

le body

body

le pantalon

trousers

le jean

jeans

la jupe

skirt

le chemisier

blouse

la chemise

shirt

le pull

pullover

le sweat à capuche

hoodie

la veste

blazer

la veste

jacket

le manteau

coat

l'imperméable

raincoat

le costume

costume

la robe

dress

la robe de mariée

wedding dress

les vêtements - clothing

le costume

suit

la chemise de nuit

nightgown

le pyjama

pyjamas

le sari

sari

le foulard

headscarf

le turban

turban

la burqa

burqa

le caftan

kaftan

l'abaya

abaya

le maillot de bain

swimsuit

le maillot de bain

trunks

le short

shorts

la tenue d'entraînement

tracksuit

le tablier

apron

les gants

gloves

les vêtements - clothing

le bouton

button

les lunettes

glasses

le bracelet

bracelet

le collier

necklace

la bague

ring

la boucle d'oreille

earring

le bonnet

cap

le cintre

coat hanger

le chapeau

hat

la cravate

tie

la fermeture éclair

zipper

le casque

helmet

les bretelles

braces

l'uniforme scolaire

school uniform

l'uniforme

uniform

les vêtements - clothing

le bavoir
bib

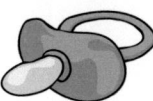

la sucette
dummy

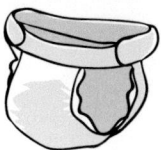

la lange
nappy

le bureau
office

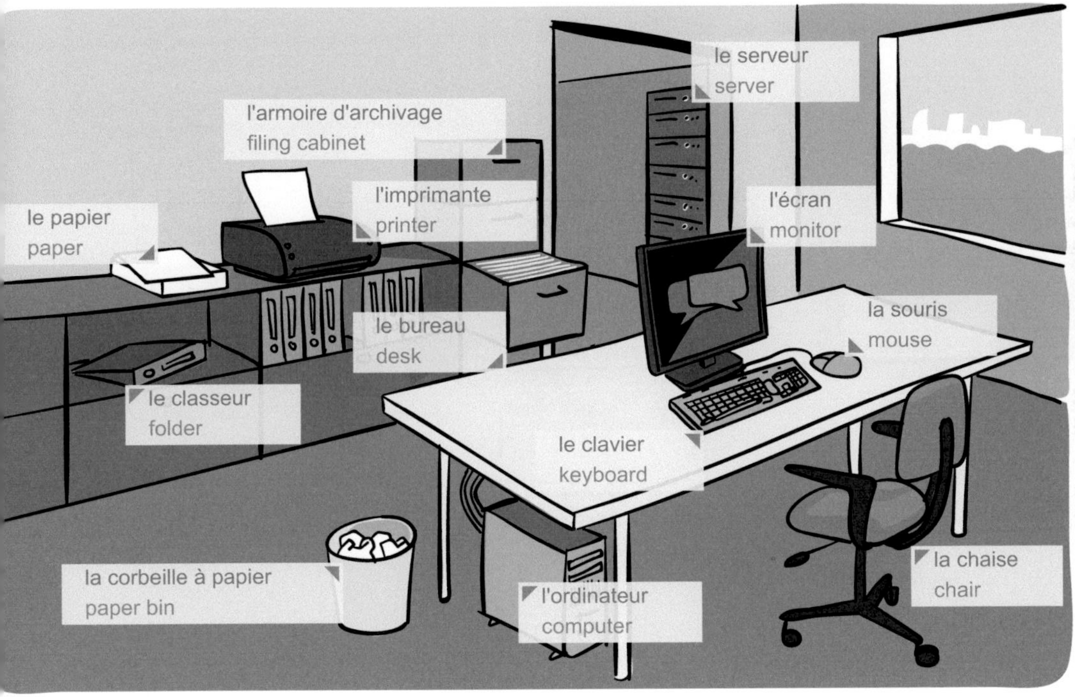

le serveur
server

l'armoire d'archivage
filing cabinet

l'imprimante
printer

l'écran
monitor

le papier
paper

la souris
mouse

le bureau
desk

le classeur
folder

le clavier
keyboard

la corbeille à papier
paper bin

la chaise
chair

l'ordinateur
computer

la tasse de café
coffee mug

la calculatrice
calculator

l'internet
internet

l'ordinateur portable

laptop

la lettre

letter

le message

message

le portable

mobile

le réseau

network

la photocopieuse

photocopier

le logiciel

software

le téléphone

telephone

la prise

plug socket

le fax

fax machine

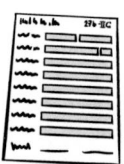

le formulaire

form

le document

document

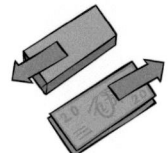

acheter

buy

payer

pay

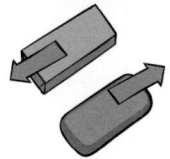

faire du commerce

trade

la monnaie

money

le dollar

dollar

l'euro

euro

le yen

yen

le rouble

rouble

le franc suisse

Swiss franc

le renminbi yuan

renminbi yuan

la roupie

rupee

le distributeur automatique

cashpoint

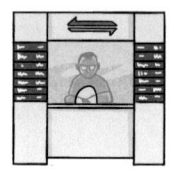

le bureau de change

bureau de change

l'or

gold

l'argent

silver

le pétrole

oil

l'énergie

energy

le prix

price

le contrat

contract

la taxe

tax

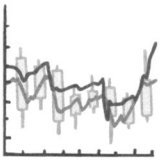

l'action

stock

travailler

work

l'employé

employee

l'employeur

employer

l'usine

factory

le magasin

shop

les professions
occupations

l'agent de police
police officer

le pompier
fireman

le cuisinier
cook

le médecin
doctor

le pilote
pilot

le jardinier

gardener

le menuisier

carpenter

la couturière

seamstress

le juge

judge

le chimiste

chemist

l'acteur

actor

le conducteur de bus

bus driver

le chauffeur de taxi

taxi driver

le pêcheur

fisherman

la femme de ménage

cleaning lady

le couvreur

roofer

le serveur

waiter

le chasseur

hunter

le peintre

painter

le boulanger

baker

l'électricien

electrician

l'ouvrier

builder

l'ingénieur

engineer

le boucher

butcher

le plombier

plumber

le facteur

postman

les professions - occupations

le soldat

soldier

l'architecte

architect

le caissier

cashier

le fleuriste

florist

le coiffeur

hairdresser

le contrôleur

conductor

le mécanicien

mechanic

le capitaine

captain

le dentiste

dentist

le scientifique

scientist

le rabbin

rabbi

l'imam

imam

le moine

monk

le prêtre

clergyman

les outils

tools

le marteau
hammer
les pinces
pliers
le tournevis
screwdriver
la clé
spanner
la torche
torch

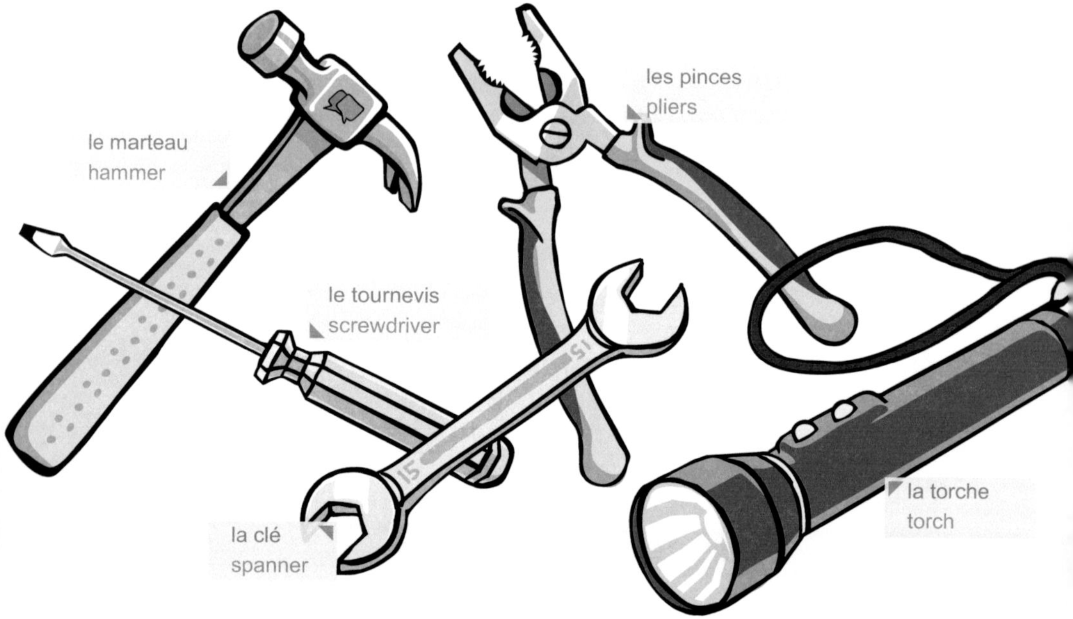

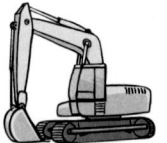

la pelleteuse

digger

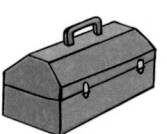

la boîte à outils

toolbox

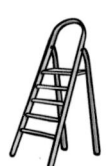

l'échelle

ladder

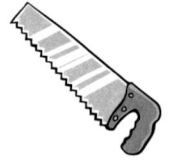

la scie

saw

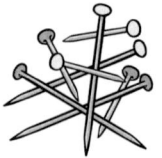

les clous

nails

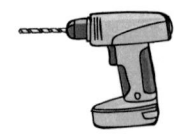

la perceuse

drill

réparer

repair

la pelle

shovel

Mince !

Damn!

la pelle

dustpan

le pot de peinture

paint pot

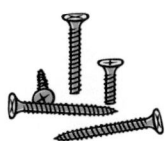

les vis

screws

les instruments de musique
musical instruments

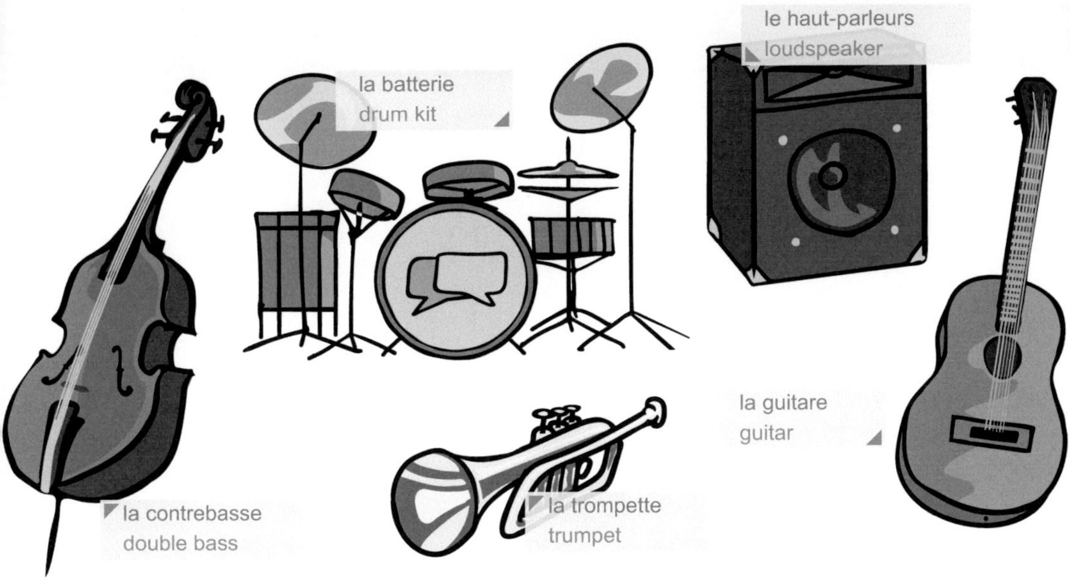

la batterie
drum kit

le haut-parleurs
loudspeaker

la guitare
guitar

la contrebasse
double bass

la trompette
trumpet

le piano

piano

le violon

violin

la basse

bass

les timbales

timpani

le tambour

drums

le piano électrique

keyboard

le saxophone

saxophone

la flûte

flute

le microphone

microphone

les instruments de musique - musical instruments

le zoo

zoo

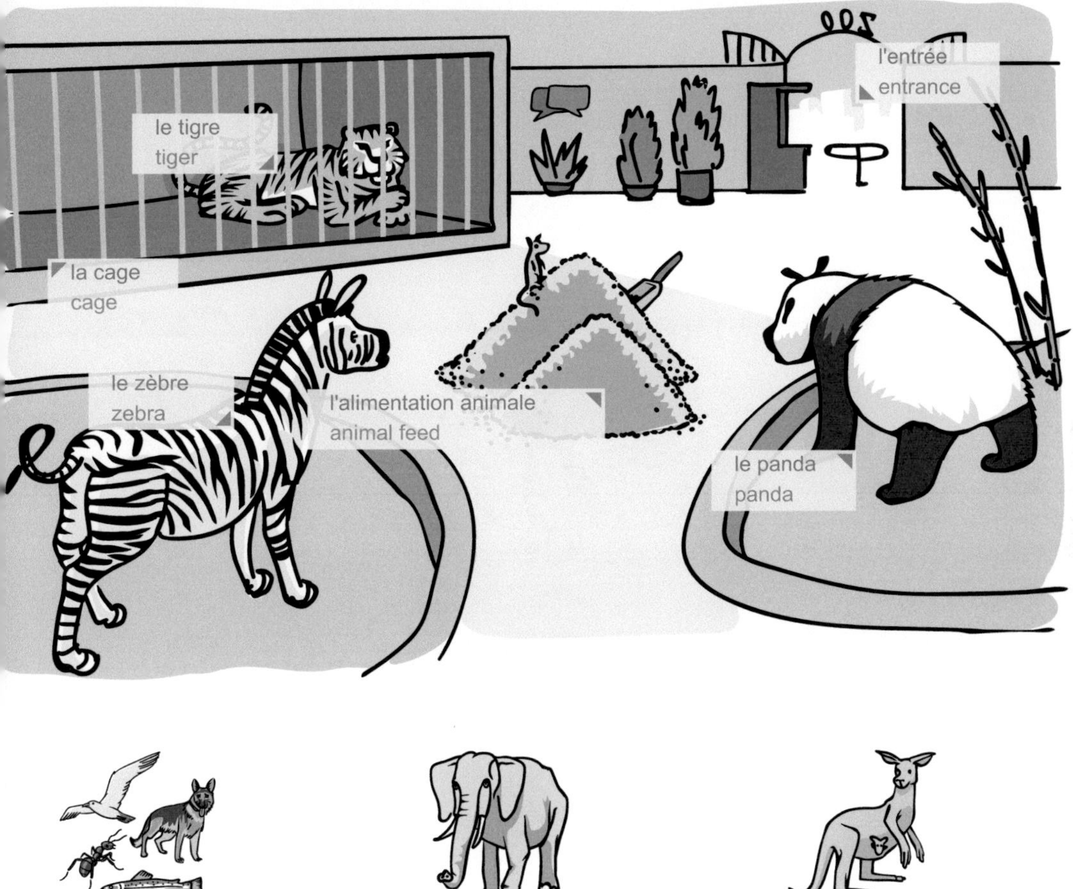

l'entrée
entrance
le tigre
tiger
la cage
cage
le zèbre
zebra
l'alimentation animale
animal feed
le panda
panda

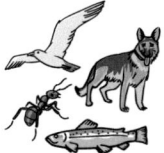

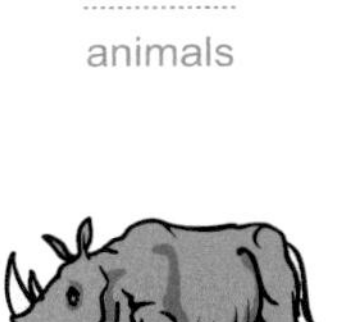

les animaux

animals

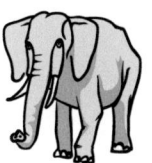

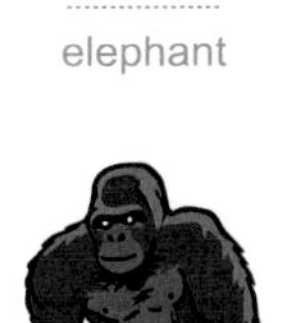

l'éléphant

elephant

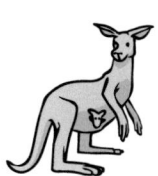

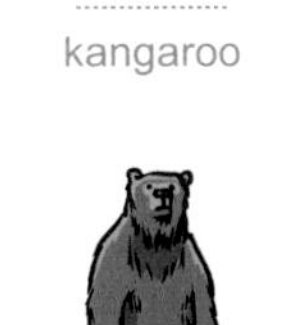

le kangourou

kangaroo

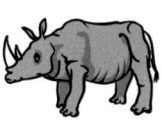

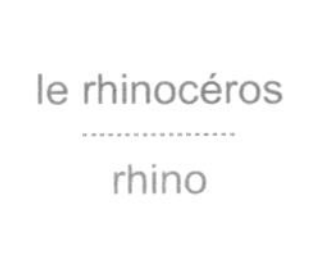

le rhinocéros

rhino

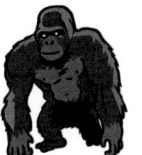

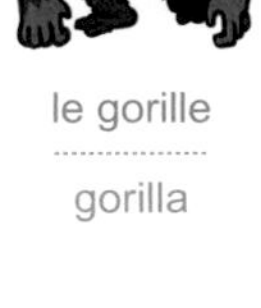

le gorille

gorilla

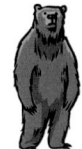

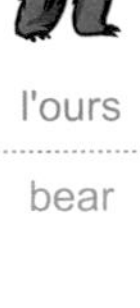

l'ours

bear

le chameau

camel

l'autruche

ostrich

le lion

lion

le singe

monkey

le flamand rose

flamingo

le perroquet

parrot

l'ours polaire

polar bear

le pingouin

penguin

le requin

shark

le paon

peacock

le serpent

snake

le crocodile

crocodile

le gardien de zoo

zookeeper

le phoque

seal

le jaguar

jaguar

le poney

pony

le léopard

leopard

l'hippopotame

hippo

la girafe

giraffe

l'aigle

eagle

le sanglier

boar

le poisson

fish

la tortue

turtle

le morse

walrus

le renard

fox

la gazelle

gazelle

l'american Football
American football

le cyclisme
cycling

le tennis
tennis

le basket-ball
basketball

la natation
swimming

la boxe
boxing

le hockey sur glace
ice hockey

le football

football

le badminton

badminton

l'athlétisme

athletics

le handball

handball

le ski

skiing

le polo

polo

sauter
jump

rire
laugh

embrasser
hug

marcher
walk

chanter
sing

prier
pray

faire la bise
kiss

rêver
dream

écrire
write

dessiner
draw

montrer
show

pousser
push

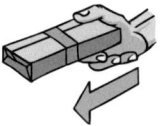

donner
give

prendre
take

avoir

have

faire

do

être

be

être debout

stand

courir

run

trier

pull

jeter

throw

tomber

fall

être couché

lie

attendre

wait

porter

carry

être assis

sit

s'habiller

get dressed

dormir

sleep

se réveiller

wake up

les activités - activities

regarder

look at

pleurer

cry

caresser

stroke

peigner

comb

parler

talk

comprendre

understand

demander

ask

écouter

listen

boire

drink

manger

eat

ranger

tidy up

aimer

love

cuire

cook

conduire

drive

voler

fly

les activités - activities

faire de la voile

sail

calculer

calculate

lire

read

apprendre

learn

travailler

work

se marier

marry

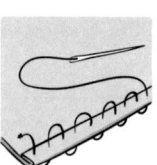

coudre

sew

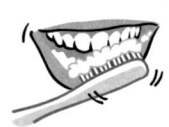

brosser les dents

brush teeth

tuer

kill

fumer

smoke

envoyer

send

la famille
family

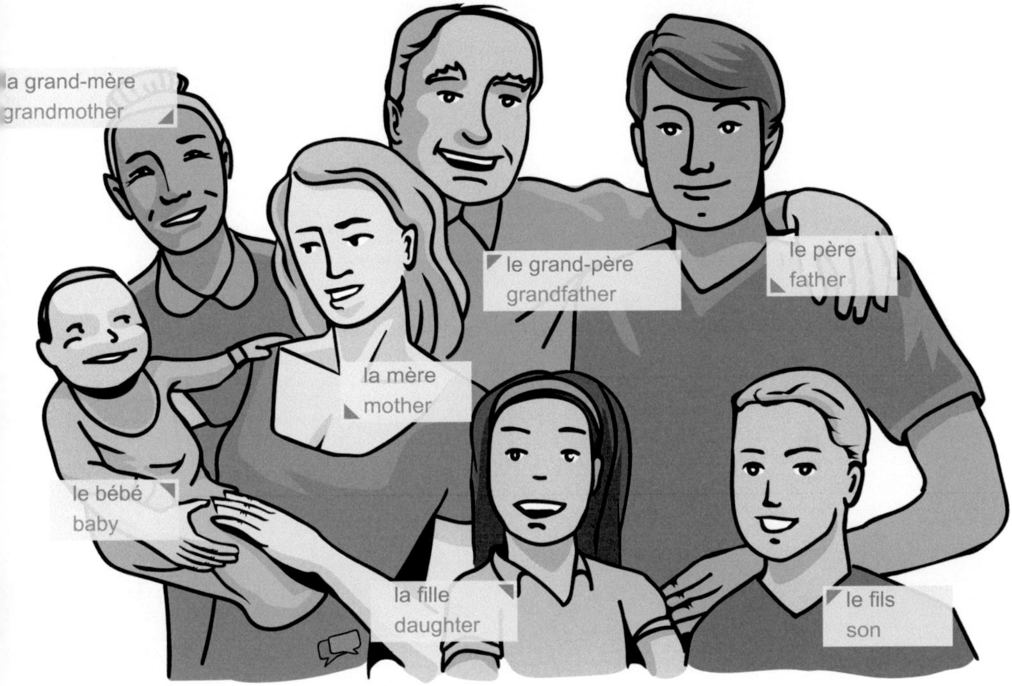
la grand-mère
grandmother
le grand-père
grandfather
le père
father
la mère
mother
le bébé
baby
la fille
daughter
le fils
son

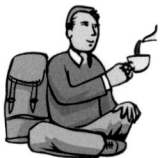

l'hôte

guest

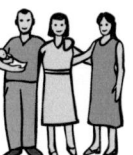

la tante

aunt

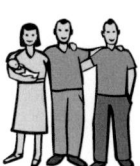

l'oncle

uncle

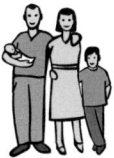

le frère

brother

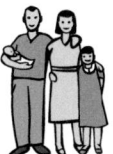

la sœur

sister

le corps

body

le front
forehead
l'œil
eye
l'épaule
shoulder
le doigt
finger
le visage
face
le menton
chin
la main
hand
la jambe
leg
la poitrine
breast
le bras
arm

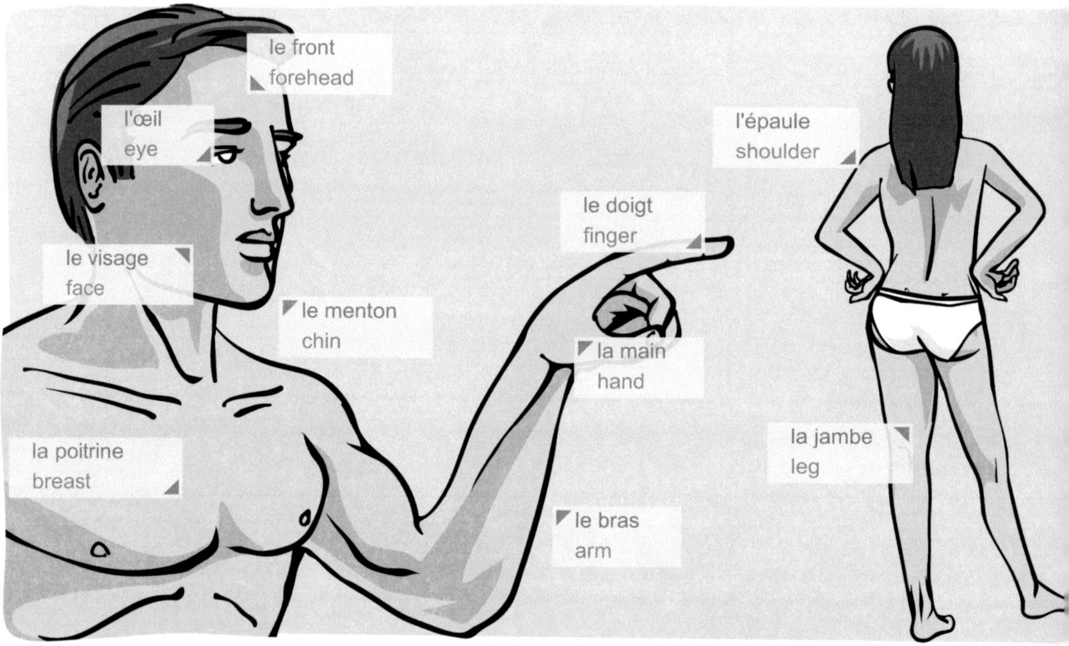

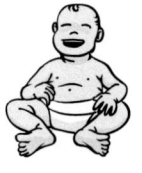

le bébé
baby

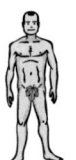

l'homme
man

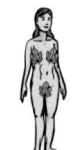

la femme
woman

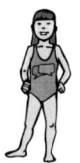

la fille
girl

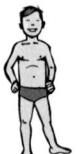

le garçon
boy

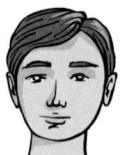

la tête
head

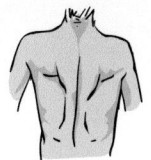

le dos

back

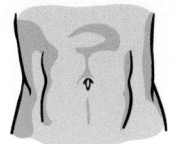

le ventre

belly

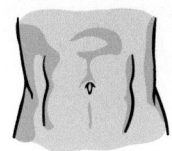

le nombril

belly button

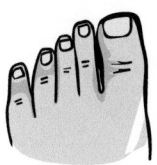

l'orteil

toe

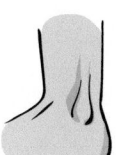

le talon

heel

l'os

bone

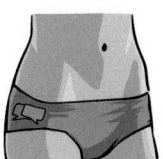

la hanche

hip

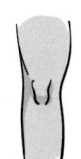

le genou

knee

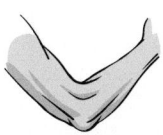

le coude

elbow

le nez

nose

les fesses

bottom

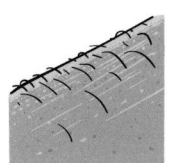

la peau

skin

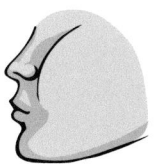

la joue

cheek

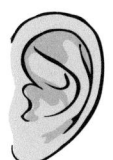

l'oreille

ear

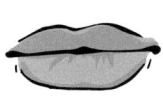

la lèvre

lip

la bouche

mouth

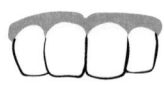

la dent

tooth

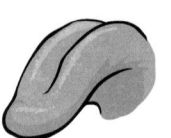

la langue

tongue

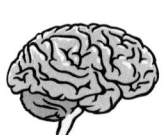

le cerveau

brain

le cœur

heart

le muscle

muscle

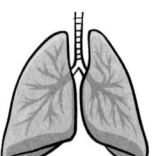

les poumons

lung

le foie

liver

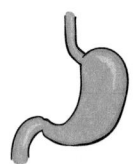

l'estomac

stomach

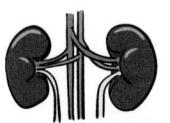

les reins

kidneys

le rapport sexuel

sex

le préservatif

condom

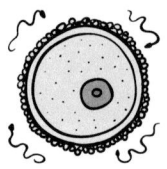

l'ovule

ovum

le sperme

semen

la grossesse

pregnancy

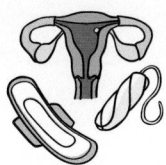

la menstruation

menstruation

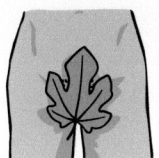

le vagin

vagina

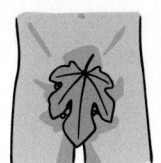

le pénis

penis

le sourcil

eyebrow

les cheveux

hair

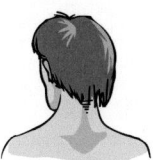

le cou

neck

l'hôpital
hospital

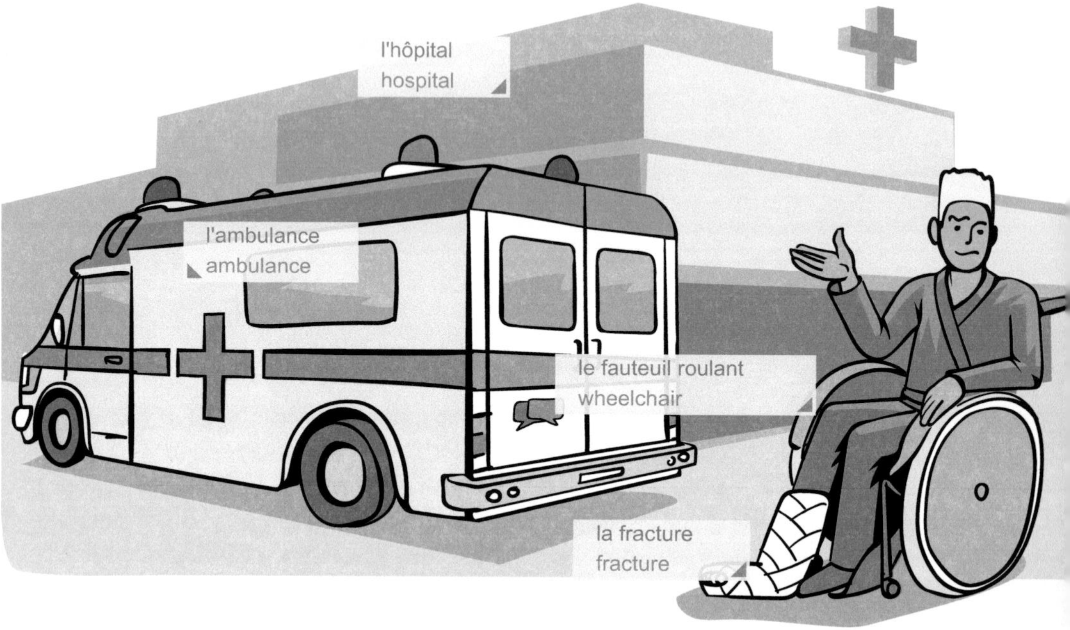

l'hôpital
hospital
l'ambulance
ambulance
le fauteuil roulant
wheelchair
la fracture
fracture

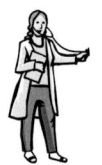

le médecin
doctor

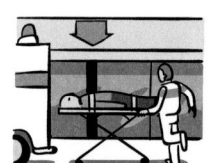

le service des urgences
emergency room

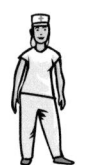

l'infirmière
nurse

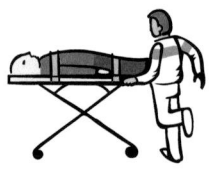

l'urgence
emergency

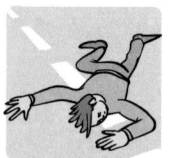

inconscient
unconscious

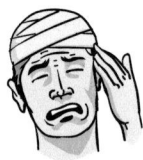

la douleur
pain

la blessure

injury

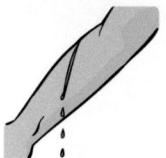

l'hémorragie

bleeding

la crise cardiaque

heart attack

l'attaque cérébrale

stroke

l'allergie

allergy

la toux

cough

la fièvre

fever

la grippe

flu

la diarrhée

diarrhoea

le mal de tête

headache

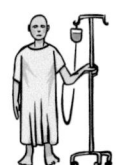

le cancer

cancer

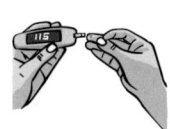

le diabète

diabetes

le chirurgien

surgeon

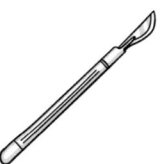

le scalpel

scalpel

l'opération

operation

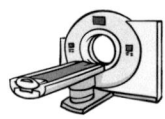

le CT

CT

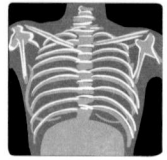

la radiographie

x-ray

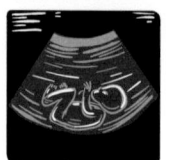

l'échographie

ultrasound

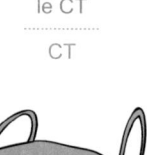

le masque

face mask

la maladie

disease

la salle d'attente

waiting room

la béquille

crutch

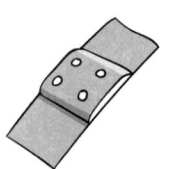

le pansement

plaster

le pansement

bandage

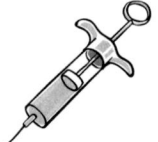

l'injection

injection

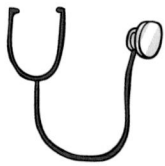

le stéthoscope

stethoscope

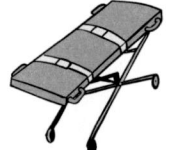

le brancard

stretcher

le thermomètre

clinical thermometer

l'accouchement

birth

la surcharge pondérale

overweight

l'appareil auditif

hearing aid

le désinfectant

disinfectant

l'infection

infection

le virus

virus

le VIH / le sida

HIV / AIDS

le médicament

medicine

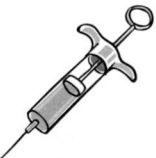

la vaccination

vaccination

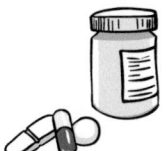

les comprimés

tablets

la pilule

pill

l'appel d'urgence

emergency call

le tensiomètre

blood pressure monitor

malade / sain

sick / healthy

l'hôpital - hospital

Au secours !

Help!

l'alarme

alarm

l'assaut

assault

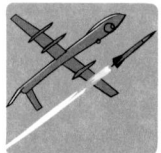

l'attaque

attack

le danger

danger

la sortie de secours

emergency exit

Au feu!

Fire!

l'extincteur

fire extinguisher

l'accident

accident

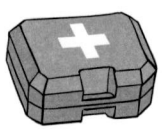

la trousse de premier
secours

first-aid kit

SOS

SOS

la police

police

l'Europe

Europe

l'Amérique du Nord

North America

l'Amérique du Sud

South America

l'Afrique

Africa

l'Asie

Asia

l'Australie

Australia

l'Océan atlantique

Atlantic

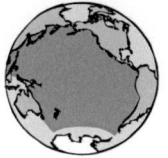

l'Océan pacifique

Pacific

l'Océan indien

Indian Ocean

l'Océan antarctique

Antarctic Ocean

l'Océan arctique

Arctic Ocean

le Pôle nord

North Pole

le Pôle sud
South Pole

l'Antarctique
Antarctica

la terre
Earth

le pays
land

la mer
sea

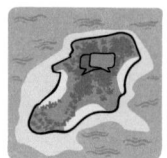

l'île
island

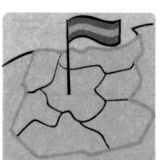

la nation
nation

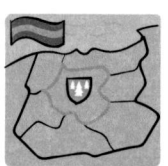

l'état
state

le cadran

clock face

l'aiguille des heures

hour hand

l'aiguille des minutes

minute hand

l'aiguille des secondes

second hand

Quelle heure est-il ?

What time is it?

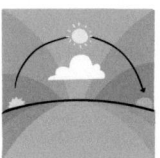

le jour

day

le temps

time

maintenant

now

la montre digitale

digital watch

la minute

minute

l'heure

hour

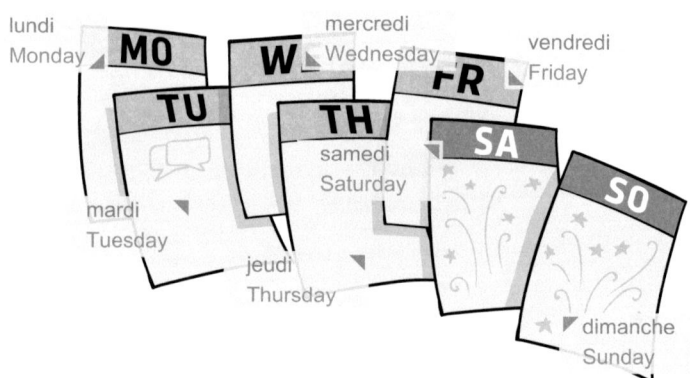

lundi
Monday

mercredi
Wednesday

vendredi
Friday

mardi
Tuesday

samedi
Saturday

jeudi
Thursday

dimanche
Sunday

hier

yesterday

aujourd'hui

today

demain

tomorrow

le matin

morning

le midi

noon

le soir

evening

les jours ouvrables

business days

le week-end

weekend

la pluie
rain

l'arc-en-ciel
rainbow

la neige
snow

le vent
wind

le printemps
spring

l'automne
autumn

l'été
summer

l'hiver
winter

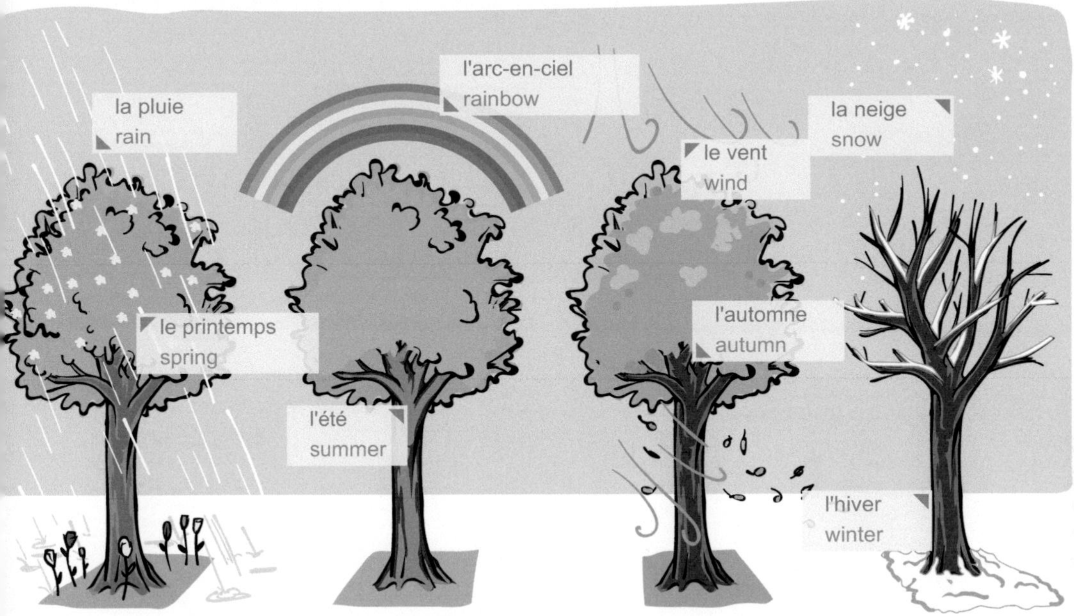

la météo

weather forecast

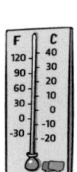

le thermomètre

thermometer

la lumière du soleil

sunshine

le nuage

cloud

le brouillard

fog

l'humidité

humidity

la foudre

lightning

la tonnerre

thunder

la tempête

storm

la grêle

hail

la mousson

monsoon

l'inondation

flood

la glace

ice

janvier

January

février

February

mars

March

avril

April

mai

May

juin

June

juillet

July

août

August

l'année - year

septembre
....
September

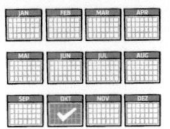

octobre
....
October

novembre
....
November

décembre
....
December

les formes

shapes

le cercle
....
circle

le carré
....
square

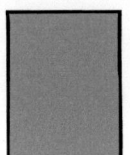

le rectangle
....
rectangle

le triangle
....
triangle

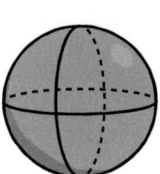

la sphère
....
sphere

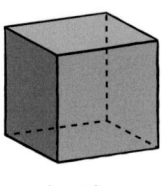

le cube
....
cube

les couleurs
colours

blanc

white

jaune

yellow

orange

orange

rose

pink

rouge

red

violet

purple

bleu

blue

vert

green

marron

brown

gris

grey

noir

black

beaucoup / peu

a lot / a little

fâché / calme

angry / calm

joli / laid

beautiful / ugly

le début / la fin

beginning / end

grand / petit

big / small

clair / obscure

bright / dark

frère / soeur

brother / sister

propre / sale

clean / dirty

complet / incomplet

complete / incomplete

le jour / la nuit

day / night

mort / vivant

dead / alive

large / étroit

wide / narrow

comestible / incomestible

edible / inedible

méchant / gentil

evil / nice

excité / ennuyé

excited / bored

gros / mince

fat / thin

le premier / le dernier

first / last

l'ami / l'ennemi

friend / enemy

plein / vide

full / empty

dur / souple

hard / soft

lourd / léger

heavy / light

faim / soif

hunger / thirst

malade / sain

sick / healthy

illégal / légal

illegal / legal

intelligent / stupide

intelligent / stupid

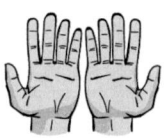

gauche / droite

left / right

proche / loin

near / far

nouveau / usé

new / used

rien / quelque chose

nothing / something

vieux / jeune

old / young

marche / arrêt

on / off

ouvert / fermé

open / closed

faible / fort

quiet / loud

riche / pauvre

rich / poor

correct / incorrect

right / wrong

rugueux / lisse

rough / smooth

triste / heureux

sad / happy

court / long

short / long

lent / rapide

slow / fast

mouillé / sec

wet / dry

chaud / froid

warm / cool

la guerre / la paix

war / peace

les oppositions - opposites

0
zéro
zero

1
un / une
one

2
deux
two

3
trois
three

4
quatre
four

5
cinq
five

6
six
six

7
sept
seven

8
huit
eight

9
neuf
nine

10
dix
ten

11
onze
eleven

12

douze

twelve

13

treize

thirteen

14

quatorze

fourteen

15

quinze

fifteen

16

seize

sixteen

17

dix-sept

seventeen

18

dix-huit

eighteen

19

dix-neuf

nineteen

20

vingt

twenty

100

cent

hundred

1.000

mille

thousand

1.000.000

le million

million

les nombres - numbers

l'anglais

English

l'anglais américain

American English

le chinois mandarin

Mandarin Chinese

le hindi

Hindi

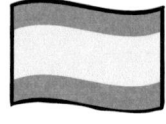

l'espagnol

Spanish

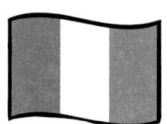

le français

French

l'arabe

Arabic

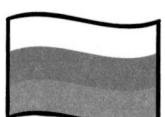

le russe

Russian

le portugais

Portuguese

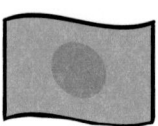

le bengali

Bengali

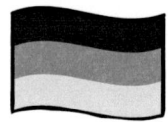

l'allemand

German

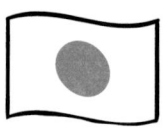

le japonais

Japanese

je

I

tu

you

il / elle / ce, c', cela

he / she / it

nous

we

vous

you

ils / elles

they

Qui ?

who?

Quoi ?

what?

Comment ?

how?

Où ?

where?

Quand ?

when?

le nom

name

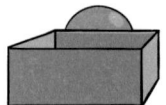

derrière

behind

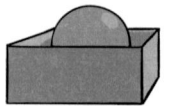

dans

in

devant

in front of

au-dessus

over

sur

on

en-dessous

under

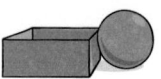

à côté de

beside

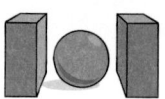

entre

between

le lieu

place